AF496080

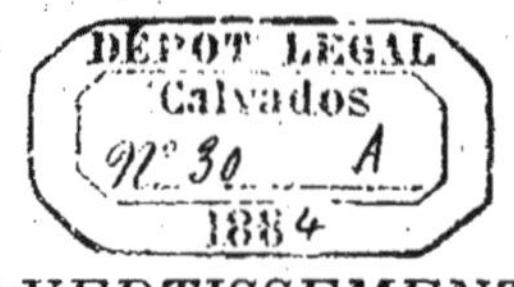

AVERTISSEMENT

—

La Notice biographique sur M. l'abbé Durand, curé de Dozulé, insérée dans la Semaine religieuse, n'était pas destinée à recevoir d'autre publicité. Notre intention était seulement d'honorer un prêtre appelé de Dieu à créer une grande œuvre, et de conserver une page intéressante pour l'histoire du Diocèse. Cependant, plusieurs personnes nous ayant exprimé le désir de voir réunis dans une brochure les quatre articles publiés par la Semaine, nous avons consulté avant de prendre une décision; non-seulement on a approuvé, mais on nous a encouragé à faire cette publication. Nous la faisons donc aujourd'hui, et pour que la biographie soit complète, nous y ajoutons le récit de la fête de la Cinquantaine sacerdotale de M. Durand, récit que nous avons publié le 21 octobre 1877.

On remarquera que nous n'avons cité aucun nom propre dans la Notice; nous avons cru devoir agir ainsi par discrétion. Pour ceux qui furent les adversaires de l'Eglise, c'eût été réveiller des souvenirs pénibles oubliés aujourd'hui. Pour ceux qui furent les zélés et fidèles coopérateurs de M. Durand, nous ne pouvions les nommer tous; et, dès lors, nous eussions paru moins justes à l'égard de ceux dont les services furent moins éclatants, parce que les circonstances n'étaient plus aussi graves. Les amis de M. le Curé de Dozulé nous pardonneront ce silence : de notre part, ce n'est ni oubli ni ingratitude; il nous a semblé que la délicatesse imposait cette réserve. Dieu les connaît, et il saura bien les récompenser du dévouement qu'ils ont montré et des services qu'ils ont rendus.

ROUSSEL,

Doyen de Trévières.

MONSIEUR L'ABBÉ

PIERRE - JÉROME DURAND

CURÉ DE DOZULÉ

Lorsque Dieu, dans les desseins de sa Providence, prédestine un homme à l'accomplissement de quelque œuvre extraordinaire, il le prépare dès son berceau, et le conduit à travers les phases et les vicissitudes d'une vie souvent agitée vers le but qu'il lui a marqué de toute éternité. Les événements les plus éloignés et les plus contraires en apparence deviennent, entre les mains de la Providence, les moyens d'action les plus puissants et les plus directs pour arriver à la réalisation de l'œuvre. Nous en trouverons une éclatante démonstration dans la vie de M. l'abbé Durand.

Ce n'est pas simplement une affaire de curiosité, mais bien un principe de haute raison, que d'étudier la vie d'un homme pour arriver à une juste appréciation de ses œuvres. C'est dans l'étude de sa vie que l'on découvre les ressorts cachés que la Providence a mis en jeu pour préparer et assurer l'exécution de ses desseins. Dans la vie de M. Durand, il nous sera facile de suivre l'action du Tout-Puissant, choisissant l'instrument de ses volontés, lui donnant un de ces caractères fortement trempés, nécessaires pour mener à bonne fin une grande entreprise ; l'appelant successivement dans différents emplois, afin de le mettre en rapport avec des personnages élevés en dignité qui, plus tard, lui prêteront l'appui de leur haute influence ; et, après cette longue préparation, le plaçant, contre toute attente, à la tête de la paroisse de Dozulé, pour y élever un remarquable monument au prix des plus grandes fatigues et des oppositions les plus opiniâtres.

Il nous a semblé que c'était un devoir pour nous de retracer cette vie de M. le curé de Dozulé, nous qui avons vécu dans sa plus grande intimité pendant plus de cinq ans ; nous qu'il a initié à tous les secrets de sa vie intime et à tous les labeurs de sa vie active ; nous qu'il a dirigé dans les premiers pas du ministère pastoral. C'est sur votre tombe, ô pasteur, ô père vénéré, que je viens déposer ce gage de ma reconnaissance et de mon affection. Puisse-t-il ne pas être trop indigne de vous !

M. l'abbé Pierre-Jérôme DURAND naquit à Valsemé, le 18 mars 1804, d'une de ces familles patriarcales dans lesquelles l'honneur et la religion sont héréditaires. Son père, Jean-Auguste Durand, était un de ces hommes de conscience et d'énergie qui avaient traversé sans peur et sans reproche la tempête révolutionnaire. Toutes les menaces des hommes de désordre étaient venues se briser contre la fermeté de ses principes ; et, au milieu de l'effervescence qui ensanglantait notre patrie, sa maison servait d'asile à des prêtres fidèles qui venaient, à la faveur de la nuit, célébrer les saints mystères, et faire descendre les bénédictions de Dieu sur la famille hospitalière. Pierre-Jérôme Durand hérita de cette inébranlable fermeté de caractère qui est le cachet des hautes destinées. Lorsque sa mère le portait encore dans son sein, elle alla consacrer le fruit de ses entrailles à Notre-Dame-de-La-Délivrande, et déposer ainsi dans le cœur de son enfant le germe de la tendre piété envers la très-sainte Vierge, qui a a été un des traits caractéristiques de sa vie. Pierre-Jérôme Durand fut l'aîné de dix enfants, dont deux furent prêtres, et une fille devint religieuse de la Providence de Lisieux.

Au sein d'une famille aussi profondément chrétienne, Pierre-Jérôme puisa le goût de la piété. Aussi, elle se développa chez lui de bonne heure, et bientôt il parut se destiner à l'état ecclésiastique. Ce fut dans cette intention qu'il entra, en 1817, au petit séminaire de Lisieux. Une grande aptitude pour les sciences, jointe à l'amour du travail, lui valut les plus brillants succès. Notons en passant qu'il eut pour condisciple Alexandre Piel, le restaurateur de l'architecture religieuse, le grand artiste qui sacrifia une brillante carrière pour se faire un des premiers disciples du Père Lacordaire.

Dès ce temps de la jeunesse, le caractère de Pierre-Jérôme Durand se dessinait de plus en plus ; et pour exprimer sa persistance et sa fermeté dans ses projets, un de ses maîtres, homme d'esprit, avait coutume de dire de lui : *Erat facies ejus euntis in Jerusalem.* Son dessein bien arrêté était d'aller à Jérusalem. (Ev. Luc. 9-53.)

En 1823, il entra au grand séminaire de Bayeux, et les études théologiques furent suivies par lui avec cette consciencieuse assiduité qui lui faisait entrevoir, dans un prochain avenir, la direction des âmes. Une maladie vint alors faire époque dans sa vie, à cause des circonstances singulières dont elle fut accompagnée. Attaqué de la miliaire, il fut en peu de jours réduit à l'extrémité ; déjà il sentait sa vie s'épuiser à chaque respiration ; conservant la pleine conscience de lui-même, il entendait le médecin et les personnes qui l'entouraient s'entretenir de sa mort prochaine et inévitable, lorsque, par un suprême effort de la nature, une abondante hémorragie et une transpiration extraordinaire le rendirent à la vie. Mais il avait vu la mort de si près, et il en avait ressenti une impression si profonde, que jamais il n'en perdit le souvenir.

Ses études théologiques étaient terminées ; il ne lui restait plus qu'à couronner l'œuvre par la réception du sacerdoce. Nous n'avons pas besoin de dire avec quel esprit de foi il se prépara à cette dernière et suprême démarche ; il fut ordonné prêtre le 22 septembre 1827. Il fut immédiatement envoyé en qualité de vicaire dans l'importante paroisse d'Orbec, et il put se fortifier dans la science théologique, sous la direction de M. l'abbé Leboucher, qui était considéré, à bon droit, comme un des ecclésiastiques les plus savants et les plus profonds du diocèse. Pendant les six années qu'il passa à Orbec, M. l'abbé Durand se livra avec zèle et ardeur à tous les travaux du ministère : prédication, pratique du saint tribunal, soin des malades, instruction de la jeunesse, tout fut exercé par lui avec succès, et il a laissé dans la ville, qui fut le théâtre de ses débuts, un doux et impérissable souvenir. Les enfants, surtout, furent de la part de M. l'abbé Durand l'objet de soins tout particuliers, et nous avons vu nous-même de ces enfants, devenus des pères et des mères de famille, conserver pour leur ancien catéchiste un filial attachement, et lui en donner les plus touchants témoignages.

Au milieu de ces travaux, M. l'abbé Durand étudiait sa vocation, et il se crut appelé à former les prêtres dans les grands séminaires. Après avoir consulté ses supérieurs, il partit pour Saint-Sulpice au mois d'août 1833, et il fut admis à faire une année d'épreuve à la Solitude. Il quitta, non sans de vifs regrets, la paroisse d'Orbec, et au mois d'octobre 1833, il entrait à la Solitude, alors dirigée par M. Mollevaut, que l'on a justement appelé « le saint de Saint-Sulpice. »

Arrêtons-nous un instant à considérer la main de la Providence qui conduisait M. l'abbé Durand par une voie si éloignée vers le but auquel elle le destinait. Pour réussir dans la construction de son église, il lui fallait à un haut degré la science, la piété, le zèle, et aussi des connaissances parmi les hommes occupant des postes élevés, soit dans les dignités ecclésiastiques, soit dans les fonctions civiles. Or, Dieu le mettait merveilleusement à portée de remplir toutes ces conditions. Où pouvait-il mieux qu'à Saint-Sulpice se pénétrer de l'esprit sacerdotal, apprendre à ne chercher que la gloire de Dieu et à ne reculer devant aucun obstacle pour la procurer ? ce fut là qu'il apprit à se confier à la Providence avec ce prodigieux abandon qui paraîtra une folie aux yeux du monde, et une imprudence aux demi-chrétiens ; confiance qui ne l'a jamais trompé et dont il a souvent recueilli de merveilleux effets. Ce fut aussi à Saint-Sulpice qu'il se trouva en rapport avec des princes de l'Église, tels que Mgr de Quélen, archevêque de Paris ;

Mgr Mathieu, archevêque de Besançon; Mgr Affre, archevêque-martyr de Paris ; Mgr Blanquart de Bailleul, alors évêque de Versailles, et depuis archevêque de Rouen. Tous ces Prélats se retrouvèrent plus tard pour seconder M. l'abbé Durand par leur bienveillante influence dans sa difficile et glorieuse entreprise.

L'année d'épreuve était terminée, et il pouvait, selon l'expression de M. Mollevaut, remplir également toutes les charges de la Compagnie. Mais la Providence, qui l'avait appelé à Paris pour le disposer à son œuvre, le rappela par la voix de ses supérieurs, au sein du diocèse, et il fut chargé, conjointement avec M. Noget-Lacoudre, de la direction du petit séminaire de Caen. Sous l'impulsion de ces deux prêtres éminents, cet établissement prit de rapides accroissements et fut en pleine prospérité. La piété y brilla d'une manière particulière, et ils préparèrent un grand nombre de jeunes ecclésiastiques qui ont honoré la religion par leurs talents et l'ont fait aimer par leurs vertus.

En même temps qu'il remplissait les fonctions de directeur du séminaire, M. l'abbé Durand était chargé de faire un cours de philosophie latine; et comme les élèves du séminaire suivaient simultanément le cours de philosophie française professé au Lycée, ces fonctions mettaient M. l'abbé Durand à portée de contrôler l'enseignement du professeur universitaire. Il ne tarda pas à découvrir le venin caché dans cet enseignement. Ce n'était plus l'impiété effrontée du dix-huitième siècle, c'était une méthode plus artificieuse. Suivant le mot d'ordre donné, le professeur de philosophie exposait les raisons pour et contre, en donnant toutefois la préférence à celles qui étaient contraires à nos dogmes, afin de ruiner la foi dans les intelligences et d'inspirer le mépris du christianisme. Dieu sait les maux qu'a fait naître cette perfide tactique, maux qui eussent encore été plus grands, si les évêques de France, sentinelles vigilantes, n'eussent démasqué la ruse et sonné l'alarme. C'est l'époque à laquelle se signalèrent Nosseigneurs de Bonald, Parisis et Clausel de Montals.

C'était au plus fort de la lutte : un nouveau professeur de philosophie vint ouvrir son cours au Lycée de Caen. Son enseignement fut tel qu'on pouvait l'attendre d'un universitaire méprisant souverainement la religion, mais dissimulant sa haine sous une apparence d'impartialité. M. l'abbé Durand suivit avec attention cet enseignement dangereux, et lorsqu'il eut acquis des preuves irrécusables, il résolut, de concert avec M. Noget, d'en référer à M. l'abbé Daniel, alors proviseur du Lycée. M. Daniel attacha d'abord peu d'importance à leur avertissement, et leur dit que le professeur incriminé lui était recommandé par Mgr l'évêque de

Versailles. M. l'abbé Durand, dans l'intérêt de la vérité, n'hésita pas à écrire à Mgr Blanquart de Bailleul, qui lui répondit par la lettre suivante :

« Monsieur l'Abbé,

» Je voudrais pouvoir vous aider à connaître M. V. ; mais
» j'ai beau interroger ma mémoire, je ne me rappelle rien
» de ce jeune homme. Que j'aie eu jadis quelques rapports
» avec lui, c'est chose possible ; on n'a pas quarante ans
» sans avoir aperçu bien des gens. Je me borne donc à
» vous affirmer une chose, c'est que M. V. n'a laissé aucune
» trace dans mes souvenirs, et que je n'ai en aucune ma-
» nière contribué à sa position actuelle. Je regrette de vous
» être aussi peu secourable, mais je me réjouis de pouvoir
» rentrer, même rapidement, en rapport avec vous. Ici ma
» mémoire ne me trahit pas, et il m'est bien aisé de vous
» donner l'assurance de mon bien sincère et cordial atta-
» chement en J.-C.

» † L.-M., évêque de Versailles.

» 14 Janvier 1836. »

Muni de cette lettre, M. l'abbé Durand retourna près de M. l'abbé Daniel, et après avoir encore entendu de sa bouche que le professeur était le protégé de l'évêque de Versailles, il lui montra la lettre de Mgr Blanquart de Bailleul. Ce fut un trait de lumière pour M. l'abbé Daniel ; il n'était pas homme à reculer devant les conséquences, et lorsqu'il eut acquis la certitude que l'enseignement du professeur était impie, il demanda son éloignement du Lycée.

Cette lutte, de laquelle M. l'abbé Durand sortait victorieux, lui valut de flatteuses approbations ; mais il en est une sur-tout qui eut à ses yeux un prix particulier, ce fut celle de Mgr de Montals, le glorieux évêque de Chartres. Comme gage de son estime, Mgr de Montals lui envoya une parcelle considérable du voile de la très-sainte Vierge, vénéré à Chartres depuis plus de huit cents ans ; et il accompagnait ce don d'une lettre autographe conçue en ces termes :

« Monsieur,

» M. Bélouin doit vous envoyer une parcelle de la relique
» si précieuse que nous conservons ici, et pour laquelle
» nous avons une vénération sans bornes. Je suis charmé
» que vous en ayez votre part ; elle recevra, dans vos con-
» trées des hommages bien plus fervents que ceux que lui
» adressent nos Beaucerons, malheureusement trop rappro-
» chés de la moderne Babylone.

» Rien ne me touche autant que l'approbation de ceux
» qui sont comme moi ministres de Dieu, soit à cause de
» l'affection que je leur porte, soit à cause de la supério-
» rité de leurs lumières dans tout ce qui a rapport aux
» grands intérêts et aux grandes vérités. C'est donc un très-
» doux et très-précieux encouragement pour moi que la
» conformité de mes pensées avec les vôtres, Monsieur, et
» avec celles de vos dignes confrères. Mais il s'agit d'un
» colosse qui ne peut être renversé que par la *petite pierre*,
» que la prière seule peut détacher de la montagne et
» mettre en mouvement. Je crois donc qu'il est très-essen-
» tiel de faire prier beaucoup les bonnes âmes répandues
» dans toute la France. Je pense que, sans le secours et
» la violence de ce moyen, la parole des évêques et des
» prêtres ne sera qu'un airain sonnant fort inutilement...

» Recevez l'assurance de ma considération très-distinguée
» et mes salutations cordiales.

» † Ch., évêque de Chartres. »

M. l'abbé Durand dut être flatté, à bon droit, de voir sa
conduite si hautement approuvée par un intrépide défen-
seur de l'Eglise. D'autres approbations lui vinrent encore
de la part de prêtres vénérables: M. l'abbé Chaillou, supérieur du grand séminaire, lui témoigna son estime. Ce bon
vieillard, dont la mémoire est en bénédiction pour ceux qui
l'ont connu, venait de temps en temps au petit séminaire
de Caen. Un jour qu'il avait présidé une fête, son cœur dé-
bordant de joie à la vue de la piété des jeunes élèves ne
put contenir son émotion, et il adressa ces paroles aux sé-
minaristes réunis dans la chapelle: « Quelques-uns d'entre
» vous, mes chers enfants, trouveront bientôt en moi un

» père tendre et compatissant. Le plus grand nombre ne
» me trouvera plus... Aussi bien, que pourrai-je faire pour
» eux, moi, vieillard inutile, impuissant? O mes enfants,
» du moins comme saint Jean devenu vieux, je pourrai me
» faire porter parmi vous, comme il était porté sur les
» bras de ses disciples, et là je vous répéterai avec lui :
» Mes petits enfants, aimez-vous les uns les autres. » Il faut
avoir vu ce bon vieillard, type aimable de la douceur évan-
gélique, avec sa belle chevelure blanche comme la neige,
pour comprendre tout ce qu'il y avait de saisissant dans
cette allusion, et l'ascendant qu'il exerçait sur tous ceux
qui l'entouraient.

Cependant, il avait été question de donner à M. l'abbé
Durand la direction d'une cure importante ; mais le bien
qu'il faisait au séminaire était tellement apprécié, que l'on
préféra le laisser à Caen. A cette occasion, M. Bénésit, directeur au grand séminaire de Bayeux, lui écrivait le 27 décembre 1834 : « On désire beaucoup vous laisser à Caen ;
» il me semble aussi que l'intérêt du séminaire l'exige.....
» Votre position vous met à même de contribuer puissam-
» ment à la sanctification du clergé. » Et dans une lettre
du 3 janvier 1835, M. Chaillou, supérieur du grand séminaire, lui disait : « On vous demande pour étrennes à Mon-
» seigneur, et sa Grandeur vous accorde aux vœux de votre
» collaborateur, le bon M. Noget, sachant que vous vous
» plaisez beaucoup au séminaire de Caen et que vous y
» faites du bien. La Providence a disposé de vous ; ré-
» pondez à votre vocation ; formez-nous de bons sujets et
» priez pour moi. » On voit par ces témoignages que les
efforts de M. Durand n'étaient pas stériles, et qu'ils étaient
estimés par de bons juges à leur juste valeur.

Il demeura encore deux années au séminaire de Caen, et
ce fut un événement inattendu qui vint changer complète-
ment sa position. M. l'abbé Lagniel, curé de Dozulé, avait
été nommé curé-doyen de Fontenay-le-Marmion, et l'Evêché
lui donna pour successeur à Dozulé, M. l'abbé Amand Durand, curé de Beaufour, frère de M. Pierre Durand. Toutefois, le nouveau titulaire acceptait à cette condition seulement que son frère aîné le remplacerait à Beaufour. Il faut
avouer que c'était mettre à une rude épreuve l'humilité du
prêtre dont nous écrivons la vie, lui à qui plusieurs places
importantes avaient été proposées. C'était le sentiment général ; aussi un confrère distingué par sa science et sa piété
lui écrivait : « Je suis frappé, comme M. Chaillou, de l'in-
» convenance que l'opinion publique pourra trouver dans
» une combinaison dont il est impossible d'expliquer le
» secret à tout le monde. » N'importe, M. l'abbé Durand
accepta cette espèce de disgrâce et se résigna à recueillir la

succession de son jeune frère, dont les talents ne dépassaient pas le niveau ordinaire.

M. l'abbé Amand Durand vint donc à Dozulé pour prendre possession de sa paroisse nouvelle ; mais, esprit mobile et ayant peur d'un ministère trop actif, il demanda comme une grâce de rester à Beaufour. En présence de ces hésitations, l'Administration changea la destination des deux frères : M. Amand Durand demeura curé de Beaufour, et M. Pierre Durand fut nommé curé de Dozulé. C'est maintenant sur ce nouveau théâtre que nous allons étudier sa vie. M. Paysant, vicaire général, lui remettait sa nomination le 19 mars 1837, et trois jours plus tard, il arrivait à Dozulé et prenait possession de sa cure.

Il est à propos de jeter un coup d'œil sur cette paroisse, sur ses origines et sur sa situation religieuse au moment de l'arrivée de M. l'abbé Durand.

Dozulé avait eu quelque importance au Moyen-Age, sous le nom de Plessis-ès-Maugard. Plusieurs familles nobles y avaient leur résidence, entre autres les Vispart de Silly et les chevaliers de Montmeslin. La cure était un prieuré dépendant de l'abbaye de Ste-Barbe en Auge. Le château de Silly était adossé au bois de Dozulé, et la chapelle servait d'église paroissiale. D'après la chronique, le Plessis-ès-Maugard fut brûlé par Edouard III, roi d'Angleterre, en 1347. Au moment de la Révolution, Dozulé n'était qu'une localité sans importance, comptant à peine deux cents habitants. Mais lorsque la route de Rouen à Caen eut été construite sous Napoléon Ier, Dozulé commença à sortir de son obscurité ; un relais de poste y fut établi ; un centre commercial se forma rapidement, et, en 1837, le bourg comptait près de mille habitants. Il faut bien avouer que c'était une population sans cohésion, sans relations de famille, divisée en deux partis : les anciens habitants du pays ; c'étaient les moins nombreux ; et les nouveaux habitants, attirés là par l'appât du gain, et par l'espérance de faire fortune dans une localité toute neuve et pleine d'activité.

Telle était la situation lorsque M. Durand fut installé par M. l'abbé Legrand, doyen de Saint-Jean de Caen, assisté de M. l'abbé Dasseville, curé-doyen de Dives, et de MM. Noget-Lacoudre, Marie et Déloges.

En prenant possession de la paroisse de Dozulé, M. l'abbé Durand se promettait bien de se dépenser largement au profit religieux de la population qui lui était confiée. D'ailleurs, l'activité naturelle de son caractère et le feu sacré du zèle sacerdotal dont il s'était rempli à Saint-Sulpice, les succès qu'il avait obtenus dans la direction de la jeunesse, tout faisait espérer que son ministère pastoral serait fructueux et béni de Dieu. Les débuts en furent heureux ; les offices étaient célébrés avec autant de pompe que le permettait l'insuffisance du sanctuaire et du chœur ; les catéchismes suivis avec un vif intérêt par une nombreuse jeunesse qui donnait à son pasteur les plus douces joies et les plus grandes consolations. On nous permettra d'ajouter que la présence au chœur de l'église d'un chantre bien connu dans la contrée donnait aux fêtes un attrait tout particulier. Nous avons entendu Armand Paul ; la puissance et l'harmonie de son organe étaient merveilleuses ; et le profond sentiment artistique dont il était doué l'élevait bien au-dessus des chantres ordinaires. Il faisait passer toute son âme dans les morceaux qu'il interprétait. C'était pour M. l'abbé Durand un élément de succès dont il sut tirer parti pour donner aux cérémonies une attrayante solennité.

L'église paroissiale de Dozulé n'était que l'ancienne chapelle du château de Silly. Elle était éloignée du bourg de près d'un kilomètre, et le chemin, pour y accéder, accidenté et en assez mauvais état ; de sorte que, dans des jours d'orage ou de pluie, les communications étaient interceptées ; il fallait attendre que les eaux fussent écoulées. On comprenait bien les inconvénients d'un tel éloignement ; l'église, comme le disait en plaisantant M. Thil, alors député de Pont-l'Evêque, l'église était excentrique ; mais on reculait devant la dépense qu'il faudrait faire pour bâtir une église neuve dans le bourg. D'ailleurs, l'admininistration municipale venait de voter la construction d'un bâtiment devant servir de justice de paix, de mairie et de maison d'école. Tout semblait se réunir pour faire rentrer le projet d'église dans un oubli définitif ; et cependant ce projet allait être produit au grand jour, et réalisé après bien des difficultés et des combats dont nous allons donner un récit véridique et succinct.

En abordant cette partie de notre travail, nous croyons devoir apporter la plus grande prudence, afin de ne blesser ni les survivants ni les familles de ceux qui prirent part à ces longues discussions. Nous nous ferions un reproche de nous servir d'une expression mal sonnante. Nous voulons croire à la bonne foi de ceux qui firent une opposition irréconciliable, croyant par là défendre les vrais intérêts du bourg de Dozulé. Ils ont dû reconnaître leur erreur ; et aujourd'hui, le sentiment unanime proclame bien haut que l'église contribue grandement à la prospérité du bourg.

Lorsque M. l'abbé Durand arriva à Dozulé, en 1837, l'église n'avait pour sacristie qu'un étroit couloir derrière le grand autel. Pour remédier à cet état de choses, on avait bâti une sacristie en briques, adossée à la côtière sud de l'édifice ; mais l'église n'en était pas moins insuffisante pour la population, devenue quatre fois plus nombreuse qu'elle n'était précédemment. Le jour de Pâques 1838, l'assistance s'efforça inutilement de s'entasser dans le lieu saint; quoique la circulation fût impossible, et qu'on eût occupé les plus petits recoins, plus d'un tiers des assistants n'avait pu trouver de place. M. le curé saisit cette occasion, et sous l'inspiration du moment, il adressa à ses paroissiens, avant le Salut, une courte et vive allocution, pour leur démontrer les raisons de bâtir une église dans le bourg, et la possibilité d'y réussir. Les raisons étaient: « L'éloignement, » l'insuffisance et le peu de solidité de la vieille église. » Quant à la possibilité, une population qui venait de faire » surgir un bourg magnifique en quelques années, pouvait » bien trouver dix mille francs pour faire transporter » l'ancienne église et la rebâtir sur un plan nouveau. Et » comme le pasteur doit donner l'exemple, il s'inscrivait » pour mille francs. Et il ajoutait : vous êtes neuf cents » habitants ; c'est un franc par tête ; si les ouvriers ne » peuvent tous le donner, les riches donneront davan- » tage, et la somme sera facile à recueillir. »

Il en est peut-être qui souriront à cette pensée de cons- truire une église avec dix mille francs ; mais il ne faut pas oublier que le premier projet était de démolir la vieille église et de la rebâtir sur le bord de la route, en la modi- fiant et en l'agrandissant. Du reste, M. l'abbé Durand n'é- tait pas le seul qui se fît illusion ; M. Paysant, vicaire gé- néral, lui disait : « Commencez avec dix mille francs ; vous » en dépenserez quinze ou vingt mille, et vous réussirez » avec le temps. » N'avait-on pas bâti pour quinze mille francs l'église de la Rivière-Saint-Sauveur ?

Cependant le projet publiquement annoncé par M. Durand agitait profondément la population, les uns l'accueillaient avec faveur, presque avec enthousiasme ; les autres se pro- nonçaient énergiquement en sens contraire ; d'autres, sans embrasser le parti de l'opposition, regardaient comme té- méraire une entreprise de cette importance, alors que la commune élevait une maison d'école et une mairie. Pendant trois ans, les discussions les plus animées se succédèrent et partagèrent la population en deux camps presque irrécon- ciliables. Nous n'avons pas à retracer ces luttes ardentes, auxquelles a succédé depuis un accord unanime ; nous re- marquerons seulement que les œuvres de Dieu ne se font jamais sans contradiction ; c'est là, pour ainsi dire, le ci- ment nécessaire qui les rend indestructibles.

M. Durand n'avait pas perdu de temps après la manifes- tation de son projet, et il s'était mis en devoir de recueillir des souscriptions ; bientôt, elles dépassèrent ses espérances, et il résolut d'élever à Dieu un temple digne de lui, et qui fît honneur à la population de Dozulé. Déjà, grâce à l'intervention bienveillante de Mgr Robin, il avait obtenu de M. Lefébure le terrain nécessaire pour la construction d'une église et d'un presbytère. De plus, la famille de M. Auger, le principal propriétaire de Dozulé, avait donné environ vingt mille francs. M. l'abbé Durand avait fait appel aux Prélats qu'il avait connus pendant son séjour à St-Sulpice, et il eut l'honneur de compter au nombre des souscripteurs Mgr Mathieu, archevêque de Besançon ; Mgr Blanquart de Bailleul, alors évêque de Versailles ; Mgr de Marguerye, évêque d'Autun ; Mgr Paysant, évêque d'Angers. Après mille démarches, après bien des sollicitations, et nous pourrions ajouter, des humiliations et des refus, il était arrivé à cinquante-sept mille francs ; mais il lui en fallait absolument soixante-quatre mille, somme indispensable pour qu'il fût autorisé à commencer les travaux. Ne sachant plus à qui s'adresser, il écrivit à Mgr Affre, archevêque de Paris, en le priant de s'intéresser à son œuvre ; il se recommandait de MM. Carrière et Carbon, directeurs du séminaire de Saint-Sulpice, et il joignait à sa demande une lettre qu'il avait reçue de M. Mollevaut, son ancien Supérieur de la Solitude. Le témoignage que lui rendirent ces Messieurs de St-Sulpice dut lui être favorable, car Mgr Affre obtint du ministre des cultes une somme de cinq mille francs pour l'église de Dozulé. De son côté, M. Thil, député de Pont-l'Evêque, obtenait aussi quinze cents francs pour le même objet. M. Durand avait enfin recueilli la somme portée au devis ; il pouvait donc commencer le travail si ardemment désiré.

Après trois années de luttes et de discussions, le Conseil municipal avait enfin voté le projet de construction dans sa séance du 16 décembre 1841. Mais quel était donc ce projet au point de vue du style architectural ? M. Paul Verrolles, architecte à Caen, avait proposé d'abord un plan que nous avons vu et tenu entre nos mains ; c'était un édifice quelconque du style grec, avec poutres transversales dans la nef. M. Durand refusa ce plan ; il voulait une église ogivale. Il avait entendu parler de l'église de Saint-Nicolas de Nantes, dont Alexandre Piel avait fait accepter le plan après une lutte opiniâtre. Il apprend que son ancien condisciple du collège est à Lisieux dans sa famille ; il va aussitôt le trouver, et lui demande un plan d'église pour sa paroisse. Piel trace à grands traits une esquisse dont M. le curé de Dozulé fut ravi : c'était bien là l'église qu'il avait rêvée. Mais quand il demanda à son ami quelle somme serait nécessaire pour la construire, celui-ci répondit qu'elle coûterait environ trois cent mille francs. On peut se figurer le désappointement du bon curé, qui avait eu peine à en recueillir soixante-quatre mille. Aussi, lorsqu'il fit connaître à Piel la somme dont il pouvait disposer, Piel lui répondit assez sèchement « qu'il travaillait pour l'art, et non pour l'argent. » Toutefois, M. Durand avait en main cette ébauche si séduisante ; elle fut communiquée à M. Verrolles pour qui elle fut une sorte de révélation ; et sur ces données, il traça le plan de l'église que l'on voit aujourd'hui. Cependant, son premier devis surpassait encore la somme dont on pouvait disposer ; il se plaignit à M. le curé de Dozulé de ce qu'il l'emprisonnait dans ses soixante mille francs. Il dut retrancher six mètres sur la longueur, trois mètres sur la hauteur, et il put enfin établir son devis en équilibre avec les ressources. Ainsi, sans diminuer en rien le mérite de M. Verrolles, on peut dire que la première idée du plan de l'église de Dozulé a été inspirée par Piel, le grand artiste qui allait bientôt mourir sous l'habit dominicain, et M. Verrolles eut le bon goût de la comprendre et de la réaliser.

Toutefois, avant de voir s'élever cette belle église, il fallait que les plans et devis fussent soumis à l'Administration civile, et M. Durand allait encore attendre deux ans, et poursuivre avec sa tenacité ordinaire l'exécution de ses désirs. Le dossier de l'affaire semblait emprisonné dans les cartons, lorsqu'il en fut tiré d'une manière inespérée. Mgr Mathieu, archevêque de Besançon, se trouvait à Pont-Audemer ; M. Durand, qui avait vu l'éminent prélat à St-Sulpice, va le trouver et le prie de l'appuyer de son crédit. Mgr Mathieu, apprenant que le Préfet du Calvados est M. Target, se rappelle qu'ils avaient été condisciples ; il s'empressa de venir à Caen et de faire visite à M. le Préfet ; séance tenante, le dossier fut expédié au ministère à Paris.

On voit si nous avions raison de dire que Dieu avait conduit M. Durand à Saint-Sulpice pour lui ménager les protections qui plus tard lui seraient nécessaires.

Si l'on se reporte par la pensée au temps où fut construite l'église de Dozulé, on se rappellera sans doute les préjugés qui régnaient dans le monde officiel au sujet de l'architecture ogivale, que l'on nommait gothique par mépris. Il était admis que c'était un style barbare, et l'on peut encore aujourd'hui constater les dégradations que l'on faisait subir à nos édifices religieux, sous prétexte de les mettre en accord avec l'architecture grecque. Alexandre Piel ne faisait que d'engager le combat en faveur de l'ogive ; ses articles dans l'*Européen* avaient réduit à sa juste valeur la prétendue Renaissance ; il avait remporté de haute lutte la victoire, et fait accepter les plans de Saint-Nicolas de Nantes. M. de Montalembert devait venger le Moyen-Age avec sa brillante éloquence. M. de Caumont n'avait pas encore démontré scientifiquement la grandeur et la beauté de l'architecture ogivale ; il ne faut donc pas être surpris si le Conseil des bâtiments civils refusa longtemps d'admettre les plans de M. Verrolles. Après bien des démarches et bien des délais, ils furent enfin autorisés, et le 17 octobre 1843, Mgr Robin vint bénir et poser la première pierre de l'église de Dozulé.

L'adjudication avait été passée à la préfecture, et les travaux de construction adjugés à MM. Delêtre et Lemaignant, entrepreneurs, qui venaient de construire les halles d'Aunay-sur-Odon. Les travaux furent poussés avec activité, grâce au concours de M. le curé, qui avait su prendre un grand ascendant sur les ouvriers. Son entrain avec eux, et beaucoup de petits sacrifices faits à propos, suscitaient de vrais prodiges de bonne volonté. Un autre motif lui donnait aussi un grand crédit auprès des ouvriers. Lorsque l'époque des versements et des souscriptions n'était pas encore arrivée, et qu'il fallait cependant payer les quinzaines, c'était lui qui trouvait les sommes nécessaires. Un banquier de Pont-l'Evêque, M. Aubrée, mettait à sa disposition, sans réclamer d'intérêt, tout l'argent dont il avait besoin ; à la condition toutefois que lui-même recevrait et rendrait les fonds. Telle était la confiance et l'estime que l'honorable banquier professait pour le digne pasteur.

Dans le plan dressé par M. Verrolles, les nefs latérales s'arrêtaient à la hauteur du sanctuaire, et se terminaient par un autel adossé au mur. M. Durand voulait une nef déambulatoire autour de l'abside ; il insista avec sa persévérance infatigable pour réclamer cette importante modification, et il finit par l'obtenir au prix d'un sacrifice pécuniaire assez élevé. Ainsi, on lui doit cette nef circulaire du chevet de l'église, qui a permis d'ajouter la chapelle de la Très-Sainte Vierge. C'est là une preuve permanente et irréfutable de la pureté de son goût en fait d'architecture. Mentionnons, à ce propos, une autre modification dont l'église lui est redevable. Les deux piliers intérieurs de la tour étaient séparés par une arcade ogivale, comprenant la largeur de la nef principale ; ils se terminaient par un demi-pilier, soutenant, l'un la grande arcade, l'autre la tombée de l'arc-doubleau. Entre ces deux appuis, il n'y avait qu'une petite baie claire, en forme de lancette : M. Durand pensa que l'on pouvait, sans rien compromettre, séparer complétement jusqu'au bas les deux piliers, et à force de ténacité, il finit par obtenir ce qu'il demandait. On peut apprécier aujourd'hui combien cette heureuse disposition a donné d'élégance à l'édifice sans nuire à la solidité.

Nous avons résolu de nous interdire toute anecdote ; mais on nous pardonnera sans doute de citer le fait qui suit. Lors de la construction de l'église, Dozulé possédait un ancien juge de paix, M. Thorel, âgé de quatre-vingt-dix ans. Il vint un jour trouver M. Durand, et lui demanda de scier avec lui une pierrre de taille, afin, disait-il, que l'on se souvînt que « le père Thorel, à quatre-vingt-dix ans, avait scié une » pierre pour l'église. » Et l'on put voir ce bon vieillard, avec le curé de Dozulé, travailler un moment au milieu des ouvriers qui applaudissaient.

La construction dura trois ans et dix-huit jours. Le 3 novembre 1846, M. l'abbé Rivière, vicaire général, remplaçant Mgr Robin, alors malade, vint en faire la dédicace. Le 2 novembre, l'office des Morts avait encore été célébré dans la vieille église ; après cet office, on vit les habitants, jeunes et vieux, transporter le mobilier dans la nouvelle. C'était une véritable ivresse de joie, et ceux qui en ont été les acteurs ou les témoins ne l'oublieront jamais. La cérémonie de la bénédiction se fit en présence de plus de cinquante ecclésiastiques. Quel beau jour pour M. Durand, et comme son cœur de prêtre tressaillit doucement ! Il voyait enfin ouverte cette église qu'il avait élevée au prix de tant de fatigues ; Dieu serait loué dans un temple digne de lui, et la population pourrait venir se presser à ses pieds et satisfaire sa foi et sa piété. Le succès avait justifié l'entreprise, les animosités s'étaient éteintes, il n'y avait plus qu'un seul sentiment, celui du bonheur et de la reconnaissance. Jours de joie sans mélange, comme la Religion seule sait en donner, et qui ne laissent qu'un souvenir sans amertume, parce que tout y est pur et saint.

Un peu plus tard, Mgr Robin voulut, comme il le disait, réparer son absence de l'année précédente. Le 22 juillet 1847, il présidait la 1re Communion des enfants, et il leur adressa une de ces exhortations paternelles et touchantes dont il avait le secret. Le lendemain, quatorze paroisses se réunissaient dans la nouvelle église pour la cérémonie de la Confirmation.

L'église de Dozulé a été la première église ogivale élevée dans le Diocèse, et l'une des premières bâties en France dans ce style, depuis la véritable renaissance de l'architecture religieuse. Cependant, elle attendait encore le travail de sculpture qui devait la compléter et lui donner son ornement nécessaire. Elle n'offrait aux regards que des massifs de pierre qui demandaient à être fouillés par le ciseau, et cet état de nudité dura six ans. Ce fut en 1851 que M. Verrolles donna le plan des sculptures du chœur. « Il était bien aise, disait-il, de ne pas les avoir fait exécuter immédiatement après la construction, parce que, depuis cette époque, il avait étudié, et il ferait mieux qu'il n'aurait pu faire tout d'abord. » C'est à nous-même qu'il exprimait cette satisfaction. On admire, en effet, dans l'ornementation du chœur et du sanctuaire, l'ampleur et la pureté des lignes, jointe à une grande sobriété dans la richesse. Ce travail fut exécuté par M. Niard, sculpteur à Caen. Quelques années après, la nef principale et les deux nefs latérales furent aussi sculptées, et l'on put apprécier alors toute la beauté de l'édifice.

Pour ne pas interrompre l'histoire de la construction de l'église, nous allons raconter dès à présent comment elle s'est complétée par la construction de la chapelle de la Très-Sainte Vierge, et la consécration du grand autel. Une personne bienfaisante, qui jouissait d'une belle fortune, passant un jour à Dozulé, avait admiré le monument ; elle voulut y apporter aussi sa pierre. Elle promit à M. l'abbé Durand mille francs, chaque année, pendant trois ans. Elle s'était souvenue que le bon curé avait été le condisciple et l'ami d'enfance de son mari, mort depuis longtemps. Non-seulement elle fut fidèle à sa parole, mais elle doubla la somme, de sorte que la chapelle de la Sainte-Vierge, dont le Père Letellier avait posé la première pierre, le 3 novembre 1858, fut élevée en sept semaines. Le Conseil de fabrique, dont les ressources étaient engagées pour plusieurs années, avait vu d'abord cette construction avec inquiétude ; mais il applaudit néanmoins au succès d'une œuvre qui ne lui coûtait rien, et même il vota une somme de quinze cents francs pour faire exécuter les sculptures de la chapelle. On peut dire que c'est un morceau d'une élégance et d'une pureté admirables. Les vitraux qui garnissent les fenêtres, représentent les mystères du Rosaire, et la lumière, ainsi tamisée par les teintes du verre, donne un cachet vraiment religieux à cette partie de l'édifice.

Le jour de l'Ascension 1859, Mgr Didiot consacrait un autel en pierre, sorti des ateliers de M. Hottin, de Bayeux. L'intérieur de l'église se trouvait ainsi presque achevé et orné de ses principaux accessoires ; une généreuse bienfaitrice avait donné, outre sa souscription, la grosse cloche et l'horloge ; une autre avait donné le Chemin de la Croix ; d'autres avaient offert de très-riches ornements ; M. Durand était heureux ; il pouvait célébrer les saints offices avec toute la solennité qu'il désirait, et l'église, en rendant plus facile l'exercice de son ministère, avait en même temps ravivé la foi ; sous l'impulsion de son zèle, la piété florissait dans la paroisse.

Racontons encore l'origine touchante de la belle grille en fer placée devant le portail occidental. Un habitant de Paris, passant par Dozulé, fut frappé de mort subite dans l'hôtel où il était descendu. Sa veuve voulut laisser un témoignage de reconnaissance pour les sympathies dont elle avait été entourée dans cet affreux malheur, et, suivant l'avis de M. Durand, elle donna la grille qui orne si bien l'extérieur du monument.

L'église de Dozulé a été sans doute la grande œuvre à laquelle M. Durand consacra sa vie, mais elle n'a pas été la seule. Il en est une autre qui ne lui a pas demandé moins de travail, et causé de moindres embarras.

En 1848, la classe des filles était dirigée par une Religieuse que son âge mettait hors d'état de remplir convenablement ses fonctions. Sur les instances du pasteur, elle avait été remplacée par une autre Religieuse, douée d'une aptitude remarquable pour l'enseignement ; mais il était déjà trop tard. Il y avait, dans une partie de la population, un mécontentement qui produisit des conséquences très-graves.

Une institutrice laïque fut appelée et ouvrit une classe libre dans la paroisse. M. l'abbé Durand était trop clairvoyant pour ne pas se rendre compte des résultats que pouvait amener une telle innovation. Sans doute, Dieu n'était pas banni du milieu de l'enfance, comme il l'est aujourd'hui, et la Religion conservait encore une place d'honneur dans l'éducation de la jeunesse. Mais, néanmoins, cet enseignement laïque inspirait de trop justes craintes, et M. Durand savait bien que si la jeune fille n'est pas élevée chrétiennement, on mine par la base l'avenir moral de la famille. Bientôt, l'institutrice laïque eut tous les titres et les avantages extérieurs ; des hommes, dont nous sommes loin d'incriminer les intentions, se firent les auxiliaires inconscients d'un parti secret, déterminé à renverser la Religion. M. Durand fit alors, tout seul, ce que la misère des temps force les catholiques de faire aujourd'hui ; il maintint l'école congréganiste. Malgré les énormes sacrifices qu'il avait faits pour son église, il se chargea du loyer d'une maison, procura le mobilier nécessaire et fournit le traitement de la Religieuse. Heureusement, comme nous l'avons dit, cette personne joignait à une instruction solide un talent remarquable pour se mettre à la portée des enfants. Les succès brillants qu'elle obtenait et la force des études ne tardèrent pas à éclairer les esprits ; l'opinion publique se prononça en sa faveur ; et, quelques années plus tard, elle recouvra les titres et les avantages dont elle avait été dépouillée. Ainsi, M. Durand, par sa fermeté, avait sauvé non-seulement l'école qu'il préférait, mais encore l'avenir des familles de sa paroisse. Il n'est personne, en effet, qui ne comprenne l'importance de l'éducation des filles. Saint François de Sales n'a pas dédaigné de s'en occuper, et Fénelon a composé pour elles un Traité spécial. Corrompre cette éducation, c'est empoisonner dans sa source le fleuve de la vie, et préparer à coup sûr la ruine de la famille et de la société.

Après ce double succès, M. Durand pouvait s'appliquer à lui-même ces paroles de Jésus-Christ dans l'Evangile : « Mon Père, j'ai achevé l'œuvre dont vous m'aviez confié l'exécution, *Opus consummavi quod dedisti mihi ut faciam.* (Ev. S. J., ch. 17, v. 4.) » Sa vie en effet n'est plus désormais que la vie d'un prêtre tout dévoué à son ministère. Sa santé, toujours saine et robuste, ne se ressentait pas du poids des années. Cependant, la vieillesse arrivait et devait ajouter une dernière couronne à cette carrière si bien remplie. Le 8 octobre 1877, M. l'abbé Durand célébrait sa Cinquantaine de sacerdoce. Nous avons raconté, dans le numéro du 17 octobre 1877 de la *Semaine religieuse*, les détails de cette touchante fête de famille.

Voici ce que nous écrivions à cette occasion :

« Notre époque est hiérophobe, a dit M. A. Nicolas, et
» c'est là un signe antisocial, Car, j'insiste à le faire remar-
» quer, ce qu'on hait dans le prêtre, ce qui lui vaut cet os-
» tracisme, cette proscription qui tendent, même chez les
» révolutionnaires modérés, à le faire disparaître de partout,
» c'est qu'il représente, c'est qu'il porte en lui, non-seule-
» ment la foi dans toute son intégrité, mais le droit, la jus-
» tice, le respect, le devoir, le patriotisme, le dévouement,
» la liberté..... C'est qu'il est la force répressive spirituelle
» de la société et son dernier rempart, et que lui seul sait
» parler, agir, souffrir, mourir pour elle (1). »

Toutes nos populations ne sont pas encore descendues à ce degré d'aberration, et il s'en trouve qui savent apprécier la grandeur de la mission que le prêtre est appelé à remplir au sein d'une paroisse. Nous en avons vu la preuve à Dozulé, le lundi 8 octobre. Cette paroisse célébrait la Cinquantaine sacerdotale de son curé, M. l'abbé Durand, qui, depuis quarante ans, lui consacre toutes les forces de son corps, toutes les ressources de son intelligence, toutes les richesses de son cœur. M. l'abbé Ducellier, vicaire général, présidait la cérémonie, au nom de Mgr l'Evêque. Tous les habitants de Dozulé ont eu à cœur de prendre part aux noces d'or de leur pasteur vénéré; le Conseil municipal, la compagnie des Sapeurs-Pompiers, les jeunes gens et les jeunes filles de la paroisse, tous ont voulu, par de riches présents, témoigner leur reconnaissance à M. Durand, pour la belle église dont il a doté le bourg de Dozulé. Cette église ogivale, brillante de grâce et de fraîcheur, avait revêtu pour la cérémonie sa plus riche parure; des guirlandes, descendant de la clef de voûte du sanctuaire, allaient relier les piliers; au triforium

____

(1) *La Révolution et l'Ordre chrétien,* p. 106.

étaient suspendues des oriflammes ornées d'inscriptions, telles que celles-ci : *Dozulé reconnaisssant à son pasteur.* — *Le bon pasteur donne sa vie pour ses brebis.* — *Les enfants de Dozulé à leur pasteur.* Sur le tympan de la grande porte, on lisait ces paroles du Psaume 68 : *Zelus domus tuæ comedit me* (Le zèle de votre maison me dévore); et au fond de l'abside, ces autres paroles du Psaume 25 : *Domine, dilexi decorem domus tuæ* (Seigneur, j'ai aimé la beauté de votre maison) ; paroles qui résument toute la vie pastorale de M. le curé de Dozulé, consacrée à la construction et à l'ornementation de son église.

Lorsque la procession est allée, avant la grand'messe, chercher le vénérable pasteur au presbytère, M. le Maire lui a offert, au nom de la paroisse, une chapelle complète de magnifiques vases sacrés, qu'il a déclaré recevoir pour son église. Un tapis d'un très-beau dessin, ouvrage de plusieurs personnes de la paroisse, couvrait les marches de l'autel et le sanctuaire. Les offices ont été chantés par la Maîtrise de St-Sauveur de Caen. Après l'Evangile, M. le curé de Vaucelles de Caen, dans un discours religieusement écouté, a montré que le prêtre, dans une paroisse, était : un principe de joie, — un lien d'union, — une source de consolations ; et il a éloquemment vengé le clergé des accusations injustes dont une presse éhontée le poursuit de nos jours.

Après la messe, un banquet, offert par la municipalité, a réuni plus de 80 convives, prêtres du canton et laïques invités pour la cérémonie. La plus franche cordialité n'a cessé d'y régner. A la fin du repas, M. le Maire, président du banquet, a porté la santé de M. le Curé dans un toast vivement applaudi, où il a rappelé le dévouement du pasteur pour son église, sans oublier les anciens administrateurs qui l'avaient si bien secondé dans sa difficile entreprise. M. le Vicaire général a répondu à M. le Maire, en félicitant l'administration municipale et la population de Dozulé de la démonstration « spontanée et unanime » dont il était l'heureux témoin. Enfin, M. le Curé a remercié ses paroissiens des preuves d'affection qu'ils lui prodiguaient en ce jour; il a exprimé l'espérance de voir couronnée l'œuvre qu'il a entreprise, et que la Providence a comblée de ses bénédictions.

Les pauvres n'ont pas été oubliés ; — une quête abondante a été faite en leur faveur par une dame que conduisait M. le Maire.

Les vêpres ont réuni une assistance aussi nombreuse que la messe ; elles se sont terminées par la bénédiction solennelle du Saint-Sacrement, donnée avec le riche ostensoir que la paroisse avait offert le matin.

Heureuse journée, qui ne laisse que des impressions de joie pure et des souvenirs sans amertume ! C'est le privilége des fêtes de la religion d'unir tous les cœurs dans une pieuse et douce émotion, et de n'y réveiller que les sentiments d'une généreuse et sincère fraternité.

Ce fut le dernier beau jour de la vie du curé de Dozulé. On était surpris qu'un prêtre, dont le ministère avait été signalé par des œuvres aussi remarquables, restât privé de toute distinction honorifique. Ce sentiment reçut enfin satisfaction, et au mois d'octobre 1881, M. l'abbé Durand fut nommé chanoine honoraire de la cathédrale de Bayeux.

Il ne devait pas jouir longtemps d'un honneur si bien mérité. Déjà, le jour de Noël 1880, il avait été frappé d'une congestion cérébrale. Quoique le danger eût été conjuré pour le moment, les facultés morales du digne vieillard subirent le contre-coup de cette première attaque, et elles s'affaiblirent progressivement jusqu'à ce qu'il perdît la conscience de lui-même. Après deux ans et demi de souffrances, M. Durand succombait à une dernière crise, le 31 octobre 1883.

Son corps repose dans cette église qu'il a bâtie, devant cette chapelle de la Très-Sainte Vierge, où il aimait tant à prier ; il avait fait préparer son tombeau et lui-même en avait creusé une partie. On peut graver sur la pierre qui le recouvre ces paroles qui furent sa devise et qui résument toute sa vie : « *Si dedero somnum oculis meis... donec inveniam locum Domino* ; je ne donnerai pas de sommeil à mes yeux, jusqu'à ce que j'aie élevé un temple au Seigneur. (Ps. 131, v. 4 et 5.) » — « Dormez-y votre sommeil, » pieux et bon pasteur, les pierres de ce temple porteront votre nom aux générations à venir, et votre mémoire sera en bénédiction. (Ecclésiastique, 45-1.)

On serait surpris, sans doute, si nous ne parlions pas de la Notice publiée par le curé de Dozulé, et l'on dirait que nous voulons être seulement panégyriste. Nous n'hésiterons pas à convenir que cette Notice est une compilation indigeste d'anecdotes authentiques, racontées dans un style incorrect et quelquefois trivial, et de morceaux tirés des ouvrages qu'il avait lus. Car M. l'abbé Durand lisait beaucoup, étudiait toujours, et ses souvenirs venaient s'entasser dans un pêle-mêle assez peu logique. C'est ainsi que l'on trouve dans son livre une sorte de dissertation inspirée par l'ouvrage de M. Aug. Nicolas : *La Vierge Marie et le plan divin* ; puis des détails sur les églises du canton de Dozulé ; des considérations sur l'état moral de la société, &c., &c. Tous ces mélanges sont étrangement disparates ; mais, après tout, il faut bien reconnaître que ce volume atteste des connaissances sérieuses, et je lui appliquerais volontiers le vers d'Horace :

Cum flueret lutulentus, erat quod tollere velles.

« Quoiqu'il roulât des eaux bourbeuses, il y avait cependant des choses que l'on était content de recueillir. »

Nous n'aurions pas fait connaître suffisamment M. l'abbé Durand, si nous n'étudiions sa vie de prêtre, et nous ne craignons pas de dire que cette vie offre un modèle du prêtre et du pasteur selon le cœur de Dieu. Formé à l'école de Saint-Sulpice, il en avait toujours gardé l'esprit. Il fut avant tout l'homme de la règle. Nous avons le droit de le dire, puisque nous avons vécu avec lui pendant cinq ans et demi. Levé tous les jours à une heure fixe, M. Durand se rendait à l'église, où il récitait les Petites-Heures, et faisait sa prière et son oraison. Après sa messe, lorsqu'il était rentré dans sa chambre, il lisait tête nue un chapitre de l'Ecriture-Sainte, et consacrait toute la matinée à l'étude. A midi, il faisait son examen particulier ; après le dîner, il visitait les malades ou faisait une promenade utile jusqu'à l'heure à laquelle il pouvait réciter Matines. A la chute du jour, il récitait à haute voix la prière du soir à l'église, et un grand nombre de personnes du bourg venaient y assister. Il consacrait le reste de la soirée au travail. Telle est la règle qu'il a suivie invariablement, pendant sa vie de prêtre et de pasteur.

Le vénéré défunt fut aussi un homme de foi, mais de cette foi robuste qui n'hésite jamais. Dans les graves difficultés qui entravèrent ses œuvres, alors que tout semblait désespéré, il mettait les enfants de sa paroisse en prière, et leur faisait faire une neuvaine. En les présentant un jour à Mgr Robin, il lui disait : « Monseigneur, voilà mes petits maçons. Quand je suis à bout de ressources, je fais prier mes enfants, et tout revient à souhait. » Nous l'avons vu nous-même, dans certaines circonstances particulièrement critiques, partir de Dozulé à deux heures du matin, le bâton de pèlerin à la main, pour aller dire la messe à Notre-Dame-de-La-Délivrande. Là, dans un pieux tête-à-tête avec la Très-Sainte Vierge, il exposait son embarras ; et il affirmait ensuite qu'il avait toujours obtenu ce qu'il désirait. Il prélevait sur sa pauvreté une généreuse offrande en faveur de Notre-Dame-de-La-Délivrande. La prière, qui était constamment dans son cœur, jaillissait de là sur ses lèvres, et c'est à ce pieux recueillement que l'on doit attribuer les distractions quelquefois plaisantes où il lui arrivait de tomber.

M. l'abbé Durand fut aussi un prêtre rempli de zèle pour

tout ce qui intéresse le ministère. Il ne savait pas ce que c'est que de s'épargner ; et quand on le plaignait dés fatigues qu'il s'imposait, il répondait par cette parole qu'il avait entendue de la bouche du vénérable M. Mollevaut : « *Nous ne sommes pas prêtres pour nous amuser, mais pour nous exterminer.* » C'est bien là, du reste, l'esprit des Saints. Saint Charles Borromée ne définit-il pas le prêtre : *Vir qui tradit se depilandum?* Et saint Augustin ne dit-il pas aussi : *Nihil esse, maximé hoc tempore, facilius et lœtius et hominibus acceptabilius Episcopi aut Presbyteri officio, si perfunctoriè et adulatoriè res agatur; sed nihil apud Deum miserius et tristius et damnabilius. Item nihil esse in hâc vitâ et maximè hoc tempore, difficilius, laboriosius, periculosius Episcopi aut Presbyteri officio; sed apud Deum nihil beatius, si eo modo militetur, quæ noster Imperator jubet.* — C'est ainsi que M. l'abbé Durand comprenait le devoir du prêtre. Confessions, prédications, catéchismes, rien n'était négligé. Du reste, nous ne pouvons mieux faire apprécier son zèle, qu'en rappelant une lettre à lui écrite par un de ses enfants qu'il aima particulièrement, et qui fait honneur à Dozulé. M. J.-B. Chevallier, ancien conseiller général, s'excusant de ne pouvoir assister à la Cinquantaine du bon curé, lui écrivait :
« Quelque splendide que soit notre nouveau *lieu de prières,*
» tel n'est point cependant le plus magnifique édifice élevé
» par vous à Dozulé. Une église bien autrement merveil-
» leuse, ce sont ces nombreux fidèles auxquels vous n'avez
» cessé, par le précepte et par l'exemple, par la parole
» et par les œuvres, de montrer la voie du bien ; ce
» sont ces enfants que vous avez enrôlés aux fonts du bap-
» tême, sous l'étendard de la Croix ; ce sont ces adoles-
» cents, que, sur les bancs du catéchisme et de la première
» Communion, vous avez initiés aux sublimités des dogmes
» et des mystères chrétiens; ces jeunes gens dont vous avez
» béni l'union au pied de l'autel en fête; ces pauvres que
» vous avez secourus; ces malades, ces vieillards que vous
» avez visités, ces mourants que vous avez consolés avant
» de bénir leur tombe. Voilà, cher et vénéré pasteur, voilà
» un incomparable monument qui est à l'abri des accidents
» de cette terre comme des outrages du temps, et dont les
» pierres, pierres vivantes et parlantes, pour emprunter
» l'expression des textes sacrés, attestent aujourd'hui, en ce
» monde ou dans l'autre, quarante années d'apostolat infa-
» tigable, d'austérités cénobitiques, de labeur sans trève,
» de dévouement sans bornes aux intérêts spirituels et ma-
» tériels de vos paroissiens. »
Nous ne pouvions mieux terminer cette étude biographique de M. l'abbé Durand que par ce magnifique témoignage, rendu à son zèle pastoral par un homme qui l'a connu in-

timement, aimé fidèlement, et qui, aujourd'hui, docteur en droit, avocat à la Cour d'appel de Paris, se fait honneur d'avoir reçu de M. l'abbé Durand l'instruction religieuse à laquelle il est resté inviolablement attaché (1).

Et nous, nous à qui il fut donné de faire notre apprentissage du ministère pastoral sous la direction du vénéré défunt, nous ne pouvons assez remercier Dieu de nous avoir mis sous les yeux un modèle aussi achevé; notre reconnaissance durera autant que notre vie, et nous en déposons ce gage sur sa tombe, en disant avec nos Saints Livres : « *Moriatur anima mea morte justorum, et fiant novissima mea horum similia*; puissé-je mourir de la mort des justes! puisse la fin de ma vie ressembler à la leur! » (Nombres, 23-10.)

ROUSSEL,

Doyen de Trévières.

(1) Le 1ᵉʳ août 1880, avant la distribution des prix faite aux élèves du Pensionnat et de l'Ecole des filles de Dozulé, M. Chevallier prononça un discours riche de science et de judicieuses pensées. Parlant d'abord des motifs qui l'avaient engagé à se charger de cette tâche, l'orateur disait: « Il me semblerait bien difficile de refuser quoi que ce soit à M. le Curé, mon habile et vénéré maître. »